EL MÉTODO DE SER RICO SIN DINERO

CLAVES Y MÉTODOS PROBADOS PARTIENDO DESDE CERO

GUIA PRÁCTICA PARA ALCANZAR EL ÉXITO

CONTENIDO

Conclusiones --

Quizás para ti el dinero no sea tan importante y tus aspiraciones en la vida sean poder comprar una casa, un vehículo, poder pagar el colegio a tus hijos, comer en un restaurante de vez en cuando y en definitiva ser uno más de los que después de una vida de trabajo siguen teniendo créditos bancarios, altas y bajas financieras, esperando una jubilación para seguir igual….

Ahora, es tu decisión si persigues la riqueza porque te gusta experimentar la totalidad de experiencias que ofrece la vida, si no todas al menos las que consideres que te van a dar una sensación de bien estar a ti y a tu familia, sin tener que privarte de nada por situaciones económicas, siempre siendo realistas y acordes a lo que realmente queremos y necesitamos, ya que muchas veces pensamos que cierto bien material, viaje o experiencia nos va a ser totalmente necesario y no es así, esa es una de las bases que trataremos para diferenciar. Para eso es necesario tratar como parte fundamental replicar el modo de pensamiento y acción de la gente rica para obtener los mismos resultados, teniendo como base reprogramar la mente.

Este libro es una guía de los secretos básicos que han usado los millonarios para llegar a ser lo que son, desde como comenzar el crecimiento personal para alcanzar el económico de una forma rápida y eficaz en diferentes pasos, desde los patrones de conducta y pensamiento hasta los estímulos, sin olvidar las rutinas prácticas que te harán alcanzar el éxito, así como diferentes negocios que pueden ayudar a conseguir tus metas.

TU ENTORNO, DESDE EL NIÑO HASTA TU MENTOR.

Antes de comenzar a dar las claves sobre el pensamiento y secretos de la mente millonaria, quiero hacer una pequeña reflexión en cuanto al entorno, algo tan básico como nuestro círculo más cercano.

Desde niños tenemos patrones de conducta que gran parte son imitación a nuestros padres, profesores, primos, amigos de colegio… entorno en general, ¿por qué?

Diversos motivos, desde la presión de competencias, como las de algo tan simple como necesidad de aceptación, de pertenecer a un grupo y no ser rechazado.

Tener la ropa a la moda, el último juguete que todos tienen, haber viajado en vacaciones a sitios increíbles etc.

La influencia de nuestro entorno es muy abrumadora y hace en gran parte ser lo que somos, tanto que la gran mayoría de nuestras actuaciones es para agradar a los demás más que a nosotros mismos.

Quien no compra una casa, una joya, el mejor teléfono de moda, ropa de marca, un coche, un viaje donde la preocupación principal es hacer mil fotos y subirlas en redes sociales, más que disfrutarlo, sólo para poder contar donde hemos estado, que hemos visto y lo maravilloso que es todo, pero en el fondo hemos estado más preocupados de ir a los sitios que pueden impresionar a los demás cuanto contemos la experiencia, que lo que realmente nosotros queríamos.

Esto es un arma de doble filo, uno el que hace que te superes para alcanzar lo que tu entorno tiene y exige como básico para hacer parte él.

Si estas en un círculo de gente pobre de espíritu, que no le importa superarse en nada y que, al contrario, critican a los que llevan algo tan simple como un suéter de marca, que su máxima aspiración en la vida es ganar para la comida, tomarse una cerveza y olvidar las penas…. Viven criticado al jefe, al que tiene un mejor trabajo, un mejor "cualquier cosa" excusándose en lo que sea, para autoconvencerse de que su vida que no les gusta, no es su culpa.

Te aseguro que te costará mucho más ser rico, rico de mente y espíritu rodeado de ese tipo de gente, ya que en un 80% harás lo mismo, pues somos el reflejo de las personas más cercanas con las que nos relacionamos y lo fácil atrae mucho más que la que la superación, pues esta si cuesta mucho más.

Pongamos el ejemplo de colegio, algo que arranca desde nuestra infancia, y que en contextos similares nos acompaña toda la vida, es como el grupo de niños "malos" del colegio, donde todos van mal en los estudios, son conflictivos, en el fondo saben que lo que hacen está mal, pero ¿cómo salen de ahí? Serían rechazados, y dan por hecho que no podrían hacer parte del grupo de los estudiosos y disciplinados, porque creen que no es para ellos o no son capaces, o peor, el bullying de los niños conflictivos por haber cambiado de parecer y querer superarse.

Esto pensando que quieran y puedan salir de ese grupo.

Y el otro extremo, tenemos varios escenarios…. El de aparentar, donde también se puede aplicar el ejemplo de la infancia.

Si nos encontramos en un entorno, familiar, de amigos, laboral… donde la parte estética, el lujo, lo material y las experiencias sean lo primordial, obviamente ya sea por vivirlo desde niño o sea una actitud de adaptación al medio donde estamos, gastaremos mucho más, nos endeudaremos, solamente para impresionar y no ser "menos" que ellos.

Este camino lleva a la pobreza, ya que nunca podrás ahorrar para poder invertir y ser libre financieramente, vivirás al día y seguramente rogando y aguantando de todo en un trabajo con tal de poder seguir pagando deudas, ya que, si un mes dejasen de cobrar el sueldo, al mes siguiente, simplemente no tendrían ni para sus gastos básicos. Triste, pero tan cierto como que es la gran mayoría de la población mundial.

No sólo porque quieran aparentar, quizás simplemente creen que se lo merecen, que para eso se esfuerzan y trabajan, para disfrutar, (cuantas veces no habremos escuchado esa frase), para eso trabajas, disfrútalo…. ¿Si, pero y si dejas de trabajar? ¿Cuánto tienes ahorrado? ¿Qué inversiones para que te den pasivos has creado?, es una reflexión que pocos hacen, ya que motiva demasiado el consumismo, la apariencia, la necesidad de "me lo merezco", el salir de trabajar a relajarse haciendo viajes, planes… en definitiva gastando todo, un gasto vacío que al final te mantendrá en la mentalidad del pobre toda la vida, porque sin un esfuerzo real de ahorro, sin un presupuesto para poder retirarte rápido o simplemente tener el gusto de buscar el trabajo que te llena, montar el negocio que siempre te ilusionó, invertir en general para tener una vida tranquila y con lo que deseas de verdad, no lo estás trabajando.

Se debe gastar, pero con un presupuesto cerrado, independiente de ganemos 1 o 10, porque si ganamos 1 y gastamos todo, pero nos quejamos que es muy poco, que con eso es imposible ahorrar, (yo digo que de 1 también se puede ahorrar si te lo propones) y el que gana 10, que simplemente vive acorde a los 10 que gana, y si puede gastar 12, mucho mejor. Con esta carrera de gano y pago y ahí vamos…… no solucionamos nada, ningún millonario ha llegado a conseguirlo con ese pensamiento.

No es fácil, y quizás digas…. bueno pero mi necesidad en la vida es pagar el alquiler, los gastos básicos y comer, (perfecto) si es lo que te hace feliz, pero nunca te dará la libertad financiera, sin embargo, si reflexionas sobre lo que realmente quieres conseguir y quieres tener una actitud millonaria para alcanzar tus metas más lejanas, cumplir tus objetivos, cambia la percepción y pon en práctica las siguiente claves de pensamiento millonario, cualquiera que sea tu situación, puedes conseguirlo.

CLAVES DEL PENSAMIENTO

Siempre todo plan de acción debe llevar una base a través de unos parámetros establecidos, que deben comenzar por tu pensamiento, de cómo percibes las cosas y como las deseas desarrollar, abrir tu mente y reprogramarla para el cambio, para salir de la zona de confort y buscar tu riqueza sin que esto sea un motivo de angustia, si no un cambio hacia una conducta exitosa, cambiar la mentalidad de vivir de un sueldo fijo todos los meses para pagar las cuentas y seguir "sobreviviendo" a proponerte y planificar el objetivo financiero deseado para tu vida.

CLAVES PARA DESENTRAÑAR LOS SECRETOS

- Deja de pensar de una forma negativa y resignada que la vida es así, que si así debe ser es por algo…. ¡No! No es así, tú vida la creas tú, la suerte no llega a ti, la suerte se busca y en esa búsqueda por estadística, te llegará a ti antes que al que queda en casa pensando "cuando llegará mi suerte".

- Ilusiónate, apasiónate, piensa en cuanto puedes ganar y lograr, en alcanzar un objetivo porque así lo lograrás, si piensas en perder no lo crearás nunca, ni una fuente de ingreso, ni negocio ni nada, hasta una inversión por pequeña que sea. Siento decir que es muy cierta, aunque típica la frase "el que no arriesga no gana", verdad absoluta de la vida.

- Deja de pensar que tú no sirves para esto o para lo otro…. Recordar que todos nacemos igual, "sin saber nada" así que cualquier persona que sea comprometida y no solamente desee que le llueva el dinero puede lograrlo. No hay objetivos imposibles, si no personas que no los persiguen con entrega.

- El camino a ser rico, unas veces puede ser un poco más largo que otro, aunque empieces por poco, nunca te conformes con lo justo, busca siempre más, piensa en grande y eso tendrás, porque, así como te proyectas tú y te esfuerzas así llegarás a los demás.

- Enfócate en todas las oportunidades que hay a tu alrededor, si debes cambiar el esquema cámbialo, las veces que sea necesario hasta que des con el adecuado, pero no te quedes centrado en el obstáculo, porque esto simplemente hará que desistas de alcanzar tus metas.

- Aunque hemos dicho que la suerte se la busca uno mismo, si es cierto que las malas energías, la apatía hacia los demás, sobre todo a aquellos que ya tienen más que nosotros, que tienen la libertad financiera y gozan de una vida sin apuros económicos, la vida también es un reflejo, tómalos como un ejemplo a seguir, porque tú serás uno de ellos.

- El dinero llama al dinero, frase que todos hemos escuchado alguna vez, pero que casi nadie pone en práctica y no me refiero a nuestro dinero, sino al de la gente que nos rodea, si nos juntamos con gente de mentalidad "perdedora", y sí, el típico que sólo saber quejarse de la vida y hacer lo justo para sobrevivir, terminaremos siendo así. Pero si nos rodeamos de gente abundante y próspera seguro nos esforzaremos mucho más por superarlos, esto es una conducta que se puede ver desde la infancia.

- Confía y cree en ti mismo, en tus capacidades da igual que estés saliendo al mundo laboral y de los negocios por primera vez o ya tengas experiencia, el pesimismo no trae nada bueno, atrae decadencia, bloqueos, personas negativas a nuestro alrededor, tomar malas decisiones y en definitiva perder el sentido de la medida.

- Disciplina, si, palabra fácil pero compleja de ejecutar, cuando llegamos a la edad adulta, sin nadie que nos obligue a alcanzar metas, simplemente nos relajamos, porque se tiende a procrastinar, vivir aplazándolo todo, pero la inconformidad y las cuentas no se aplazan, y ese tiempo pasa, proponte metas pequeñas, por semana, mes, año, sin dejar todo al último momento, esto te dará otro pilar de éxito seguro.

- Refuerza tu autoestima, no puedes dejarte llevar por cualquier problema o comentario negativo, si tú estás convencido sobre un objetivo y de lo que quieres lograr, no puedes perderte en desconfiar de ti mismo por un obstáculo, si para esto debes hablar con tu círculo cercano o buscar un profesional, (no lo dudes), es una de las bases de alcanzar el éxito.

- El tiempo es un gran valor, más que el propio dinero, si lo valoras y lo aprovechas será mucho más fácil conseguir todo lo que te propongas ya que dedicar tiempo a algo realmente provechoso, aunque sea una hora al día puede llevarte al desarrollo más alto en lo personal y profesional de lo que imaginas. No es lo mismo dedicar una hora a ver TV o ver redes de otras personas que no te aportan nada, a emplearlo estudiando una formación específica, una inversión, buscar clientes en tus redes u otras plataformas.

- ¿Cuánto es lo que necesitas para vivir? Por mes, por año, ¿por los próximos 5 años? Y

¿Cuánto cuestan tus sueños? Si te concentras en una cifra será mucho más fácil alcanzarla, que dejarte llevar por los pagos hormiga del día a día, esos que hacen que a fin de mes digas, trabajé para pagar y vuelta a empezar.

- Cuantifica todo con un presupuesto cerrado, solamente deja un dinero para extras o contingencias de emergencia que realmente sean necesarios y ahorra lo más que puedas olvidándote de ese dinero, o bien poniendo una meta de cuanto, y para qué va a ser útil ese ahorro, recordemos que el ahorro es para tiempos realmente difíciles o para invertir sin tener que dar nuestros beneficios a intereses bancarios.

- En un punto más adelante extenderé de forma más amplia el concepto de "Ingresos pasivos", esos ingresos que entran por estar pendientes de ellos, no de trabajarlos directamente y que nos duela la cabeza con ello, cuando alguien consigue tener un ingreso pasivo, por pequeño que sea, es un gran comienzo porque ahí ya podremos llamarnos inversores, un juego que engancha y hace llegar a la cima de la riqueza mucho más rápido.

- Negación, pesimismo y miedo, con eso, no vamos a ningún sitio, bien sea por ser un negocio o trabajo nuevo, creer que no te mereces una mejor remuneración, o que tus servicios nadie los pagaría o simplemente miedo a que te digan "te lo dije" a la derrota, pero la vida seguirá avanzando y tendrás que enfrentarla, ¿entonces porque no enfrentas y avanzas en tus sueños? Si igualmente tendrás que avanzar.

- Humildad, una frase que a todos nos encanta decir que tenemos, pero no, la base de la gran mayoría de la sociedad va perdiendo esa humildad según supera cada etapa como en la pirámide de Maslow, una vez somos algo más que un ser básico, empezamos a creer que lo nuestro es lo mejor, a compararnos y a creer que lo sabemos todo y eso que no es confianza en si mismo, si no soberbia, un mal que hace fracasar hasta las mentes más brillantes.

- Por último, acción, piensa, calcula, define y actúa, midiendo siempre los resultados, pero con la convicción, ambición y la confianza que se necesita para ser un millonario, para cambiar la mentalidad. Si vas a equivocarte, hazlo rápido, pero si vas a llegar a la cima hazlo más rápido aún.

RUTINAS PARA ALCANZAR EL ÉXITO

(Productividad)

Para conseguir tus metas debes crear rutinas y cumplir tus promesas; y evitar alejarte de ellas, sin importar la situación.

Después de hacer un cambio previo global y estar decididos a poner en práctica el pensamiento que los millonarios utilizan para alcanzar el éxito, debemos llevar a cabo diferentes rutinas probadas, que han cambiado la vida de muchísima gente para siempre, con resultados duraderos y tangibles que hacen sentirse mucho mejor después de haberla implementado de una forma rápida y eficaz.

Con una rutina diaria que contenga actividades positivas, inmediatamente o en pocos días comenzarás a ver resultados en tu forma de levantarte, en tu estado de ánimo, en cómo comienzas a ver las cosas, y serás más productivo.

El secreto de esta rutina es como, su nombre lo dice, establecer un hábito y continuar haciendo dichas actividades diariamente.

Para comenzarla, paremos un momento a reflexionar, y dejemos de seguir nuestra vida en piloto automático, debemos analizar los patrones de conducta que llevamos acabo da diario, y ver que resultados reflejan en nuestra vida en general.

Los siguientes hábitos sin duda te ayudaran a conseguir los objetivos del éxito.

1- Toma una hoja, y realiza una lista, de tus malos hábitos en una columna y luego invertir cada uno para poner los buenos, te sorprenderás de lo mucho que puedes lograr, si te pones el reto de seguir la nueva lista positiva por 30 días. por ejemplo:

Maloshábitos/buenoshábitos

Veo muchas horas de redes/me limito a 1 hora al día

Postergo tareas largas/dedico 30 minutos al día a tareas largas

2- Una cosa es tener objetivos y otra muy diferente tener sueños. Un objetivo no es nada distinto a un sueño con una fecha de vencimiento. Así que deja de soñar en un futuro y más bien pregúntate qué estás haciendo hoy por tus metas de vida. Cómo ser exitoso en la vida consiste en tomar tus grandes anhelos y estructurarlos de una manera que te resulte fácil alcanzarlos. Para esto, puedes convertir esos grandes objetivos en pequeños retos diarios por los cuales trabajar.

3- Establece nuevas metas siempre, la gente exitosa planea sus metas siempre, para hacer esto, estableceremos metas diarias, las cuales puedes apuntar la noche anterior, metas semanales, mensuales, trimestrales, semestrales y anuales. Cuanto más fragmentadas estén menos abrumador será y más fácil será alcanzar tu objetivo, pero para alcanzarlo, hay que tener un plan, y comprometerse con él, ser lo más realista para poder asumir la responsabilidad y no fracasar en el intento.

4- Haz un compromiso contigo mismo, y si tienes que contarlo a tu entorno más cercano, cuéntalo, para así sentirte presionado y comprometerte a mejorar.

Busca las formas de mejorar, de formarte más, de leer, de hacer actividades que te acerquen día a día a tu objetivo, si tu conocimiento aumenta, también lo hará tus posibilidades de triunfar.

5- Cuidarse la salud, sí, algo que todos sabemos pero que dejamos a un lado prácticamente todo el tiempo, aliméntate de forma sana, valora tu salud, duerme bien y esto te dará una mayor concentración y productividad en tu día a día y por supuesto, ejercítate, no tienes porqué ir a un gimnasio si te aburre, camina, corre un rato, ponte un video en casa y realiza 30 minutos de actividades, si logras convertirlo en un hábito verás lo gratificante que es y lo que ayuda a la disciplina del día a día.

6- Amplia tu circulo y mejora tus relaciones, numerosos estudios revelan que gran parte del éxito de los millonarios exitosos es por estar en el lugar correcto y con la gente adecuada, gente que te aporte, para eso toma tu tiempo y crea tu red de networking, es de total y gran importancia crear tu red profesional de contactos la cual te va a ayudar a dar a conocer tus habilidades y servicios, conectar con posibles colaboradores, socios o inversores, recibir consejos de personas que han alcanzado una trayectoria. No dejes de contar en qué estas y como lo quieres desarrollar, esto te ayudará siempre.

7- Si comienzas algo, termínalo, mejor, peor como sea, sonará mediocre, pero si la única forma de terminarlo ya, no es la perfecta, igualmente hazlo, muchas veces nos escudamos en que algo es muy complicado, el tiempo, algo falta…. Sólo para no hacerlo nunca. Nada más pienses en dejar algo para después, "hazlo de inmediato", y repite mil veces si es necesario. No te detengas hasta terminarlo.

8- Actitud Positiva, sí la gran mayoría de la gente más exitosa, son positivos, tiene una gran energía y entusiasmo, en el día a día no nos podemos dejar llevar por las pequeñas cosas negativas, hay que avanzar y minimizar esas cosas para poder tener el tiempo y la actitud de llenarse de ideas positivas. Desarrolla la resiliencia, las personas audaces y positivas desarrollan una disciplina mental que les permite adaptarse con facilidad a la adversidad.

La resiliencia comienza con flexibilidad y adaptabilidad. Aprender cómo ser feliz y exitoso no siempre es cuestión de tumbar muros e impedimentos; sino de tener fe, coraje y una actitud tranquila que permita que las cosas difíciles también ocurran. Las personas con resiliencia siempre se motivan encontrando coraje dentro de ellos mismos; ellos se rodean de personas positivas e inspiran a los demás sin importar cualquier problema personal que tengan. ¿Por qué? Porque con pensamientos positivos lograrás muchas más cosas que con una mentalidad negativa. Si piensas que las cosas no saldrán como tú quieres no tendrás la misma disposición y rendimiento que tuvieras si estás convencido que, por lo que estás trabajando, lo conseguirás.

9- Controla tus compras a diario, los ahorros grandes de millones se cuidan solos, y es en las compras del día a día, en el capricho, en lo innecesario, en no querer recortarse en nada donde comienza la mentalidad pobre, aquella que te aleja constantemente de tus objetivos, si no te controlas al máximo, pierdes y dejas de acumular para un propósito mayor. De los pequeños gastos, realiza una lista, y trata de al menos reducirlos un 20%. Verás muy pronto los resultados.

10-   Lee diariamente, la gente exitosa lo hace al menos 30 minutos al día, un curso nuevo, un artículo, un blog, un libro, aprende a estar siempre formándote para avanzar y así crear una rutina. No solamente se trata de leer, se trata de hacer algo al respecto con lo aprendido.

11-   Debes tener una pasión: El conocimiento es indispensable para lograr el éxito, pero si no sientes pasión por lo que estás haciendo, es muy difícil que superes todas las dificultades. No solamente se trata de ser bueno en lo que haces, se requiere esa pasión para realmente aprender cómo ser exitoso. Una pasión es aquello que te hace superar los momentos más difíciles, es la que te hace levantar cuando no hay motivos o razones para hacerlo, para intentarlo una vez más y dar tu mejor versión. Cuando tienes claro qué es lo que te apasiona, no te da miedo lo desconocido, confías en tu capacidad, en tu fortaleza interior y estás dispuesto a correr riesgos porque sabes que el resultado valdrá la pena. Si algo te apasiona y trabajas por ello, aprender cómo ser exitoso se vuelve algo inevitable, ya que estás destinando toda tu energía, tiempo y recursos a lograr el objetivo más importante de tu vida.

12-   Siempre puede hacer y dar un poco más, las personas de éxito son proactivas y siempre hacen más de lo que se les pide, por eso sobre salen son apreciadas y alcanzan el éxito con mayor facilidad que el resto, desde el trabajador comprometido, como el emprendedor o empresario que siempre brinda algo más a sus clientes que lo hacen conseguir sus metas y no fracasar en el camino. Pero ójo, en medio del hacer por hacer… hay que buscar la productividad, recuerda que para triunfar y sacar adelante tus proyectos debes trabajar de manera inteligente y enfocada en tus objetivos.

13-   No te des por vencido, si, no puedes rendirte sin más por cualquier porque algo se ponga difícil, siempre se debe avanzar, cambia de dirección, de estrategia, de objetivo, hasta de rutina si es necesario.

14-   Ten un guía que sea tu norte, si lo que ahora llamamos todos mentor y a lo que muchos atribuyen su éxito, a veces no se tiene alguien cercano que nos apoye y nos ayude a alcanzar nuestras metas mucho más rápido. Te pueden compartir experiencias valiosas que te acorten el proceso. Si no lo encuentras, simplemente mira las biografías y experiencias de los que ya lo han logrado, analiza y pon en práctica desde tu visión y necesidad de logro.

15-   Ten presente todos los días el "porque" de las cosas, ¿por qué quieres ser exitoso? ¿por qué quieres ser rico? ¿para qué? Cuando sepas que lo que haces todos los días tiene un propósito en tus metas, lo obtendrás más rápido que si no lo tienes.

16-   Reconocimiento, Si estás consciente de la importancia del tiempo, entonces tendrás un concepto distinto de él y aprenderás a controlarlo para alcanzar tus metas y máximo potencial. Debes reconocer cómo usas tu tiempo, cómo lo desperdicias, inviertes y controlas. Para lograr las cosas, debes reconocer los problemas, fallos, las oportunidades y éxitos.

17-   Acción. Existen tres tipos de acción: iniciar nuevas cosas o implementación, seguimiento y terminación. Cuando has tomado una decisión, tienes que empezar a actuar en torno a ello. Para algunas personas, ésta es la parte más difícil, aunque en realidad lo más complejo es el seguimiento. Por ejemplo, a una persona que decide seguir una dieta puede parecerle sencillo tirar a la basura un montón de comida; lo complicado será que no la consuma una semana después. Y es aquí donde la autodisciplina es clave, aunque también es importante que crees un ambiente que soporte a esta nueva actitud.

CONSIGUE PARA COMENZAR INGRESOS EXTRA Y PASIVOS

Después de poner en práctica todos los pensamientos y hábitos para alcanzar el éxito y la riqueza, abordamos como tener una vida mejor con ingresos extra y pasivos, tanto de una forma tradicional como en internet, si de verdad deseas alcanzar tus metas, sin necesidad de tener una gran cantidad de dinero, te damos los primeros pasos prácticos para alcanzar la riqueza, para empezar a acumular, invertir y alcanzar tus sueños económicos.

La mayoría de personas **viven sin el ingreso pasivo**, quitando las escusas, el miedo, los malos entornos y todo lo mencionado….

Tenemos, la gente que tiene un trabajo donde labora entre 8 y 10 horas al día, sin aspiraciones a nada más que poder pagar las cuentas y los que tienen un negocio propio, los cuales la gran mayoría no los llamaremos empresarios… pues al final trabajan más que cualquier empleado, sin contar el riesgo, los dolores de cabeza de los problemas diarios, proveedores, empleados, clientes, facturas y largo etc de posibles problemas.

¿Y si hubiera otra forma de trabajar? Una forma de trabajar en la que el tiempo no fuera la principal variable. En la que el dinero entra en tu bolsillo sin que ni tan siquiera tuvieras que atenderlo.

ESA FORMA DE TRABAJAR SE LLAMA GENERACIÓN DE INGRESOS PASIVOS.

Hay una frase que me encanta en el mundo del trabajo, y que dice: "No te vuelvas irreemplazable. Porque si no te pueden encontrar un substituto, tampoco te podrán dar un ascenso".

Esta verdad también se aplica al mundo de los emprendedores. Para ti un ascenso podría significar el beneficio de ganar más trabajando menos. Me dirás que una vez que se gana cierto renombre, se podrán incrementar los precios sin perder ventas.

¡Cierto!

Pero tampoco puedes doblar tus precios cada año sin perder tus clientes, ¿verdad?

Siempre estamos en lo mismo: hasta que te quites del medio de la generación directa de ingresos de tu negocio, éste tendrá un techo natural (las horas que tú mismo puedes facturar).

Además, el crecimiento que vas a experimentar será más bien lento, porque en vez de preocuparte en generar más ingresos, estarás enfocado en entregar los servicios vendidos a tus clientes.

Entonces, ¿te interesa comenzar a generar ingresos de forma automática o prefieres seguir vendiendo tu tiempo a cambio de una tarifa por hora?

Es tu decisión, pero al menos… déjame contarte.

¿QUÉ SON LOS INGRESOS PASIVOS?

Tenemos varios tipos de ingresos:

1. **El ingreso por tu tiempo**: Vas al trabajo, haces 8 horas. Te pagan X€/Mes por X/horas de trabajo y no hay más.

2. **El ingreso por tu tiempo y productividad**: En este modelo, cuanto más vendes o produces, más ganas. Si lo consigues en 4 horas, porque eres muy bueno, mientras tus compañeros necesitan 8 o 10 horas.

3. **El ingreso Extra**: El cual prácticamente nadie tiene, al menos no, de una forma continuada, y que a mi parecer es uno de los más importantes, pues de ahí es de donde podemos sacar el ahorro, el extra que nos

hace falta para hacer el negocio que nos llevará a esa riqueza, a esa inversión que hará que nos retiremos mucho antes, el extra puede ser un pasivo parcial o total, donde con supervisión y poco o nada de esfuerzo, nos dé un excelente resultado.

4. **El ingreso pasivo**: Este ingreso es el resultado de sistemas que has puesto en marcha para generar dinero sin que tengas que involucrarte en el proceso. En muchos casos, el ingreso pasivo requiere de la tecnológica para automatizar los procesos operativos. Pero la forma más común de conseguirlo es poner a gente a trabajar en tu sistema. El dueño de un negocio que no aparece en las operaciones, cobra cada año unos dividendos que son pasivos.

LOS INGRESOS PASIVOS SON AQUELLOS QUE SE GENERAN SIN NECESIDAD DE TU PRESENCIA FÍSICA NI ACTUACIÓN DIRECTA.

Es decir, son ingresos que requieren que pongas algo en marcha (vender un infoproducto, alquilar un local, cobrar derechos de autor…) y que una vez creados generan ingresos casi sin necesidad de que tengas que hacer nada.

En otras palabras, los *ingresos pasivos* engloban todos los ingresos que no requieren una participación activa de la persona (mejor dicho, una participación mínima), quedando a parte los ingresos de portfolio (dividendos, intereses financieros, etc.).

Por esa razón, si lo que deseas es ganar más dinero y trabajar menos, pues ya va siendo hora de que empieces a crear vías de ingresos que no te demanden una gran dedicación.

Si estás comenzando con tu negocio o si ya tienes uno funcionando, cuanto antes te pongas a pensar en cambiar tu modelo de negocio hacia uno que requiera menos tiempo antes llegarás al grial de la libertad financiera. **Y todo gracias a la generación de *ingresos pasivos*.**

LOS BENEFICIOS DEL INGRESO PASIVO

Bien, ¿y qué tienen de bueno los ingresos pasivos? ¿Por qué son tan codiciados y cuáles son los motivos por los que atraen tanto a los bloggers? Pues por tres motivos muy simples:

1. **Se gana más trabajando menos:** nadie quiere trabajar 40 horas a la semana toda la vida. Si existe una forma de ganar lo mismo trabajando la mitad, esa será la que desearemos. Y eso es lo que se consigue con los ingresos pasivos: generar ingresos, aunque estés sentado en el sofá de tu casa viendo la televisión.

2. **Crea tu propio estilo de vida sin renunciar a nada:** seas trabajador por cuenta ajena o freelance, si ofreces servicios estarás «atado» a unos horarios, plazos y clientes. Con los ingresos pasivos, si los <u>has creado de la forma adecuada</u>, puedes elegir cómo vivir, dónde vivir y qué hacer con tu vida. No estás atado a nada ni a nadie.

3. **Libertad:** más allá de crear tu propio lifestyle, los ingresos pasivos te dan la libertad de no tener que responder ante otros salvo tus propios clientes.

Todos los beneficios de los ingresos pasivos se basan en conseguir vivir sin ataduras y con libertad financiera que uno desea.

No hay más. Aunque no vayas a poder vivir sentado mirando tu cuenta bancaria crecer, sí que podrás obtener una libertad que ningún empleado por cuenta ajena puede llegar a tener.

MODALIDAD DE INGRESOS PASIVOS

Para entender mejor el modelo, vamos a ver los dos tipos de *ingresos pasivos* básicos, y también veremos la modalidad más tradicional de ingresos pasivos donde puedes tener actividad, pero se puede convertir en una estrategia clave para ganar más trabajando menos.

1-INGRESOS RESIDUALES

Se trata de **un ingreso que ocurre a lo largo del tiempo y que proviene del trabajo realizado una sola vez**. Te doy algunos ejemplos de actualidad para poner en práctica:

- Un vendedor de seguros, que recibe una comisión anual cuando su cliente renueva la póliza adquirida anteriormente.

- Un representante de venta directa al que le pagan una comisión cada vez que su cliente directo vuelve a pedir un producto.

- Un profesor de Fitness que produce un vídeo que se vende en diferentes gimnasios. Con cada venta, cobra comisiones.

- Un consultor de marketing que desarrolló un ebook sobre técnicas de venta y recibe una comisión con cada ejemplar que se vende por Internet.

- Un fotógrafo que pone sus imágenes en un catálogo digital de venta online (fotolia, freepik.. o similar). Cada vez que un cliente descarga sus fotografías, recibe una comisión por ellas.

- La profesora de inglés que realiza un curso de como hablar inglés para niños de 5 años, lo vende en una plataforma de cursos y recibe su comisión cada vez que lo compran.

- Pues bien, te darás cuenta de que son muchos y muy diversos los tipos de actividad que pueden generar un *ingreso residual*. Puede que te llegue dinero por nuevas ventas a los mismos clientes de siempre; puede que suceda que aparecen nuevos clientes.

- Pero en uno y otro caso, no es necesario estar detrás del negocio (como puede suceder con diversas ventas a través de plataformas de internet), o simplemente puede demandar un pequeño contacto personal, como podría suceder con el vendedor de seguro, que una vez al año le recuerda a su cliente acerca de la renovación y le pregunta si quiere mantener la misma cobertura.

- Esto demuestra lo diferente que es el *ingreso residual* a la del **ingreso recurrente**, que define lo que sería un *ingreso activo*.

- El ingreso recurrente es el que demanda que tú estés permanentemente activo, como podría ser un trabajo de venta activa, consultorías, redacción, o cualquier otro tipo de servicio. Debes dedicar horas y horas, día tras día, semana tras semana, para poder llegar a cobrar tus servicios a tus clientes.

- Estás vendiendo horas por dinero, y esto limita definitivamente tus ingresos a la capacidad personal de producción que tú tengas. Tu negocio tiene techo: el de tus horas disponibles a la semana. **También tiene otro aspecto negativo,** si estás enfermo o de vacaciones, ya no generas ingresos, sin contar con tener empleados y las responsabilidades y gastos que estos conllevan, así como dirigirlos y tú tranquilidad personal para poder apalancar tu negocio.

2-INGRESOS APALANCADOS

Los *ingresos apalancados* te permiten aprovechar el trabajo de otras personas que generan ingresos para ti. Estos son algunos ejemplos de *ingresos apalancados*:

- El autor de un ebook que vende su producto a través de una red afiliados que se encargan de promoverlo
- El gestor de un equipo de venta que recibe comisiones por los ingresos generados por la gente de su equipo
- Un contratista que gana con un pequeño margen del trabajo realizado por subcontratistas
- Lanzar una franquicia de tu modelo de negocio, para permitir a otros emprendedores montarlo en su ciudad.

En definitiva, hay muchos modelos de negocios de ingresos apalancados, fíjate que el *ingreso apalancado* puede también ser *ingreso residual*. Si logras la combinación de ambos, irás por buen camino.

3-¿CÓMO GENERAR INGRESOS PASIVOS TRADICIONALES?

Si ya tienes un dinero ahorrado, todo es más fácil para ti.

- Con 1 millón de capital, puedes sacar una rentabilidad del 4% neto, invirtiendo en los mercados. Son 40.000€ anuales. Para muchas personas, cobrar 40k€/año sin tener que trabajar sería una vida casi perfecta. Y estos ingresos sí son totalmente pasivos.
- Prácticamente lo mismo, con un capital inmobiliario. Si tienes 3 propiedades en alquiler en Madrid o Barcelona, es probable que te saques 2000€ limpios al mes. Es otra fuente de ingresos pasivos.

En ambos casos, es más fácil generar estos ingresos pasivos, porque ya dispones de estos activos.

Pero la mayoría de la gente, no dispone de ese capital, entonces… SI NO TIENE CAPITAL, TENDRÁS QUE CREAR ACTIVOS, SIN DINERO.

Emprender es la mejor forma de crear un capital Hay 2 caminos distintos:

INGRESOS PASIVOS TRADICIONALES.

Quieres ingresos pasivos tradicionales y tienes capital.

Si se da el caso que posees capital, tienes muchas opciones. Por capital me refiero no sólo a una suma grande de dinero, sino también a algún bien que puedas sacarle provecho.

¿Y qué pasa si no poseo el capital, pero me gusta alguna de estas opciones? Entonces, no te desanimes. Esfuérzate por conseguirlo, persiste y con tiempo y paciencia podrás tenerlo.

1. Alquilar propiedades

Este es uno de los caminos más tradicionales. Si ya tienes una propiedad y vas a mudarte, no tienes por qué venderla, si no es necesario. Puedes alquilarla y así mientras alguien vive bajo tu techo, tú ganas dinero.

Si no tienes un bien raíz, puedes comprarlo. No necesitas dar todo tu capital. Lo común es pagar un adelanto y la mayor parte financiarla con un crédito hipotecario. Lo mejor es que la deuda con el banco se salda con el alquiler, es decir, tu propiedad se paga sola, y por lo general siempre queda un resto a tu favor.

2. Alquila tu trastero o bodega

Conozco varias personas que jamás usan su trastero o bodega, así como tampoco su plaza de garaje, ¿Si Tu bodega o Plaza de garaje no te resulta un espacio útil? ¡Entonces hazla trabajar para ti!

Aunque tú no la requieras, hay personas que no tienen donde guardar sus cosas y pagan por ello. Te recomiendo que esto lo hagas sólo si el apartamento es de tu propiedad, porque así puedes ampararte en un contrato, no vaya a suceder que tu arrendatario no te pague y no tengas respaldo.

3. Alquilar una habitación

En muchas ciudades del mundo llegan estudiantes a las universidades. Ellos no están en condiciones de pagar el alquiler de un apartamento. Entonces buscan otras alternativas más económicas, como simplemente alquilar una habitación.

Si tú tienes espacio disponible, podrías aprovechar de hacer dinero en vez de no usar la habitación.

4. Alquila tu coche

Si tienes un vehículo tienes varias opciones de explotar un pasivo que generalmente sólo nos produce gastos, seguros, lavado, manteamiento, taller, garaje, gasolina e impuestos…. Y que decir de la depreciación del valor de compra. Pero también es cierto que para muchos es indispensable contar con auto aunque sea para usarlo una vez a la semana.

Puedes sacar un rendimiento de diversas formas, a continuación, veremos unas cuantas:

- Gana dinero extra poniendo publicidad en tu auto, actualmente muchísimas empresas pagan una mensualidad por rotular tu carro con banners de su negocio. Tal vez no sea mucho dinero, pero puede ser suficiente para cubrir tus gastos de combustible y ganar dinero extra sin salir de tu rutina.
- Genera ingresos adicionales con cualquier plataforma estilo Uber o Lyft. Si quieres ganar dinero extra y decidir tu propio horario de trabajo, conducir para servicios de viajes compartidos como Uber y Lyft, podría ser una muy buena opción.

- Alquila tu vehículo, no en todos los países del mundo es fácil esta modalidad, pero en la gran mayoría ya encuentras diversas plataformas donde de forma segura podrás alquilar tu vehículo por horas o días.

- Si no te agrada la idea de subir gente a tu auto, puedes generar ingresos extra con, Rappi, Globo, Amazon…. o cualquier otro servicio parecido que exista en tu país. Las aplicaciones de distribución de comida y otros para llevar están contratando gente constantemente, los horarios son flexibles y además puedes ganar propinas.

5. Invertir dinero en empresa a cambio de participación

Si tienes capital y no te gustan las alternativas anteriores, puedes invertir en una empresa, a cambio de un porcentaje de sus ganancias. Este porcentaje será proporcional al aporte realizado.

Por una parte, ganan ellos, porque reciben financiamiento. Por otra, te beneficias tú, porque generas retorno sobre la inversión. Te recomiendo que te asesores, que veas la viabilidad de la empresa, así como no recomiendo invertir en negocios familiares.

.

6. Ser dueño de negocio

Antes de contarte acerca de esto, es importante tener claridad acerca algo. Cuando se dice "dueño de negocio", mucha gente se imagina al típico empresario trabajador. No es de lo que se trata aquí.

Un empresario es alguien que creó su producto/servicio y ahora puede trabajar gracias a eso. Es lo que Robert Kiyosaki llamaría un "autoempleado".

Un dueño de negocio, según el mismo Kiyosaki, es una persona que creó una empresa, la hizo surgir y después sólo se preocupa de recibir las ganancias.

Para eso, crea una estructura de personal que le permite cobrar, mientras él vive su vida. El sistema trabaja para él. Interesante, ¿no?

7. Crea Franquicias de tu negocio

¿Ya tienes un negocio? ¿Sabías que puedes replicarlo en muchos lugares sin gastar? ¿Y además ser remunerado por eso? ¿Cómo se hace esto?

Para eso existen las franquicias. Si ya tienes un modelo de negocio probado, vendes a otro el derecho a comercializar tu marca, tu modelo, tus productos.

Tú recibes dinero de sus esfuerzos y les ahorras a ellos crear algo desde cero. Asimismo, les permites que se beneficien del prestigio de tu marca.

Hoy día hay múltiples empresas de asesoramiento para crear una franquicia de tu empresa, así como plataformas donde ofrecer tu modelo de negocio y conseguir asociados para tu franquicia.

Las franquicias son un muy buen negocio. Bien lo sabe Ray Kroc, quien terminó por dar fama mundial a Mc Donald's. Hoy Mc Donald's sigue siendo uno de los líderes mundiales en el negocio de las franquicias. Pero no tienes porque tener tanta infraestructura como un restaurante, si por ejemplo eres abogado y te dedicas a la consultoría, y ya tienes los formatos estándar, un nombre de prestigio y un negocio probado puedes franquiciarlo de igual forma.

Ingresos pasivos online

En esta modalidad, puedes conjugar prácticamente todos los tipos de ingresos pasivos, partiendo como base no tener un gran capital, desde residuales, apalancados y tradicionales. Para eso la mejor opción es generar pasivos con negocios online, crear un activo

mucho más pequeño, sin apenas necesitar inversión inicial. Un negocio que es casi todo beneficio, porque no tienes estructura física ni personal y automatizarlo todo lo que puedas, y es ahí donde los negocios pasivos cobran todo su sentido.

Las técnicas para generar ingresos pasivos online, empezamos porque todos tenemos una profesión, un arte o un conocimiento, así como una pasión. Con internet, simplemente podemos hacerlo rentable de mayor o menor medida, mira estos modelos de negocio online, vamos a ver que habilidades hay que tener, tiempo que se debe emplear y, sobre todo su rentabilidad.

1. MONETIZA UNA WEB CON GOOGLE ADSENSE

Es seguramente la forma más antigua de generar ingresos online, activando <u>Google Adsense</u> en tus contenidos, para presentar publicidad contextual en tus contenidos.

Valoración global de este modelo de ingresos pasivos

- **Tipo de negocios online:** ganar dinero, por tu tiempo y conocimiento sobre un tema.

- **Habilidades tecnológicas:** análisis de palabras claves, SEO y escribir posts.

- **Producción de contenidos:** baja para crear el blog (8 a 15 posts). Luego el mantenimiento es bajo.

- **Ingresos habituales:** no suele sobrepasar 150€/mes en el mejor de los casos. Lo normal es generar menos de 20€/mes. Exceptuando que crees comunidad, sobre algo en específico y trabajes con Marketing de afiliados, donde a través de distintos links vendas productos, de plataformas como hotmart, Click Bank, Amazon etc. El cual explico mejor en el siguiente punto.

  Porque las comisiones por clic en los anuncios son normalmente muy bajas (céntimos de euros). Y cuando son más altas, pues vas a competir con los mejores SEO's del país.

- **Escalabilidad:** muy buena. Los rankings de Google/YouTube son bastante estables. Hay post que después de más de 8 años escritos siguen atrayendo mies de visitas pasivas, sin apenas manteamiento, con retoques editoriales cada 2 años.

- **Inversión inicial:** ínfima, se basa sobre todo en tu tiempo. Vas a tener que <u>crear un blog</u> y <u>elegir un buen dominio</u>. Crear el contenido para el momento del lanzamiento. Y activar Adsense, que es cuestión de una tarde.

- **Competencia:** en Latinoamérica baja, está todo por hacer… pero en otros mercados si es más alta, sobre todo en los nichos más rentables.

- **Riesgo:** Tu tiempo y el coste de un dominio.

- **De negocio Tradicional a Virtual:** Hoy día, aunque seas un negocio de toda la vida a pie de calle, "necesitas existir", si así es, aunque no quieras vender online, tienes que promocionarte online, al menos tu dirección y tu número de teléfono como mínimo. Si tienes un negocio, da igual que sea desde, clínica veterinaria, gimnasio, restaurante, consultoría, medicina, tienda de ropa…. Creando un blog de contenido de calidad sobre tu sector, atraerás a un gran número de clientes, ya sea para hacerles un servicio o venderles un producto, crecerás exponencialmente, con unos costes muy bajos.

. Caso de éxito: Del negocio local al éxito online. Ferreteria.es se ha convertido en la empresa líder del sector, y lo ha conseguido gracias a su llegada a Internet. Se trata de una empresa con más de 100 años de experiencia en la industria ferretera, que en el año 2013 de la mano de Ramón Puigoriol, decidió probar suerte y combinar su negocio familiar con el e-commerce.

La idea no pudo ser mejor, ya que en menos de dos años contaba con medio millón de usuarios de España y Portugal, y más de 30.000 productos disponibles de los mejores proveedores del sector. Además, tras llegar a Internet también aumentaron las ventas en sus cuatro tiendas físicas.

La clave de su éxito está en su excelente relación calidad – precio, en el buen servicio que ofrecen a sus clientes, en su constante actualización y en los envíos rápidos y puntuales. Con un equipo compuesto por más de 20 profesionales, todo apunta a que Ferreteria.es todavía no ha alcanzado su techo.

2. MARKETING DE AFILIADOS

Prácticamente hoy día afiliados está en todos los negocios online, la idea detrás del <u>Marketing de afiliados</u> es de crear contenidos y promocionar productos de terceros (Amazon u otros).

Por cada venta completada, conseguirás una comisión de hasta el 12% en el caso de productos físicos. Hasta un 50% en el caso de productos digitales (cursos online).

<u>Valoración global de este modelo de ingresos pasivos</u>

- **Tipo de negocios online:** ganar dinero potenciando tus contenidos y llegando a una comunidad.
- **Habilidades tecnológicas:** análisis de palabras claves, SEO, generar contenido.

- **Producción de contenidos:** Media, dependiendo del canal y la competencia, pero desde 10 a 50 publicaciones de contenido de valor. Luego el mantenimiento es bajo. Tendrás que prever unas horas para hacer promoción de tus contenidos, sobre todo al principio. No tienes que crear el producto, ya que será de terceros.

- **Ingresos habituales:** comenzando, no suele sobrepasar 1.000€/mes. Lo normal es de generar menos de 100€/mes, los primeros meses. Importante elegir un buen nicho Y sobre todo no equivocarte en tu estudio de palabras clave y en las intenciones de búsqueda.

- **Escalabilidad:** muy buena. Los rankings de Google y de YouTube son bastante estables. A través de los años seguirás generando visitas, con poco mantenimiento, eso sí, deberás revisar que los links de venta estén actualizados.

- **Inversión inicial: Cero inversiones o ínfima**, basada principalmente en tu tiempo. Si es por Blog, deberás crearlo y elegir un buen dominio, si es por cualquier otra red social, será totalmente sin coste. Crea el contenido de lanzamiento. Y colocar tus enlaces de afiliados. Como promocionas productos de terceros, puedes llegar a operar en cuestión de días. Necesitarás más tiempo y acciones proactivas de promoción de tus contenidos para conseguir tus primeras comisiones por venta.

- **Competencia:** cada vez más alta, lo cual te obliga a publicar más contenidos y a mejorar tus dotes como SEO.

- **Riesgo:** Solamente tu tiempo y si inviertes algo en publicidad o en el dominio.

- **De negocio Tradicional a Virtual:** Infinidad de comerciantes se han pasado a esta modalidad, por varias razones, entre ellas la poca o nada inversión en stock de productos, así como en catálogos, almacenes, logística y distribución y un sinfín de etcs que te darán muchos dolores de cabeza, los cuales se evitan totalmente al trabajar la afiliación. Claro, tendrás más competencia, pero si sabes buscar tu nicho y hacer tu comunidad será un éxito.

- **Caso de éxito:** Creada en 2011, PromoFarma es un marketplace de productos de parafarmacia que agrupa el catálogo de más de 500 farmacias de todas España, en el que se incluyen unos 45.000 productos. La compañía, premiada en los últimos años con numerosos galardones de ecommerce, prácticamente multiplicó por dos su facturación en 2017 en comparación con el año anterior.

Además de PromoFarma, a través del canal de afiliación venden sus productos de parafarmacia otras muchas empresas como MiFarma, Easyparapharmacie o Farmacias Trébol; perfumerías como Douglas, Perfumesclub o Superperfumerias; grandes superficies como El Corte Inglés; y por supuesto, el gigante Amazon quien hace relativamente poco ha incorporado esta línea de productos a su marketplace.

Por lo tanto, y a modo de conclusión, el

marketing de afiliados es el ejemplo claro de canal que nos permitirá aumentar la cobertura, el tráfico y las ventas, así como optimizar nuestros costes y ahorrarnos esfuerzos de gestión.

3. DROPSHIPPING O AMAZON FBA

El concepto que hay detrás de este modelo de negocio es que operes tú una tienda online, dejando en mano de otros los temas de logística, distribución y atención al cliente. Lo puedes hacer con fabricantes que podrás encontrar en varias plataformas, como AliExpress, Obertlo y DHgate, entre otras.

Amazon ofrece su propia versión del Dropshipping, con su programa llamada FBA o Amazon Logística.

Tendrás que hacer una inversión inicial, antes de poder trabajar con Amazon. Pero te beneficiarás de las marcas Prime & Amazon.

Si te interesa este modelo de negocio, te recomiendo esta guía de Dropshiping de Shopify (PONER LINK DE AFILIADO)

<u>Valoración global de este modelo de ingresos pasivos</u>

- **Tipo de negocios online:** ganar dinero. El e-commerce sigue siendo el futuro indiscutiblemente.

- **Habilidades tecnológicas:** medio avanzado. Entre crear la tienda online, optimizarla, hacer emailings y trabajar con publicidad online, también tienes la opción de comprar la tienda lista para empezar a vender.

- **Producción de contenidos:** La producción de contenidos para estos productos es muy poca o casi nula.

- **Ingresos habituales:** Depende de la categoría de producto con la que trabajas y la comisión que te va a dejar el mayorista. En general, el margen en este negocio no es muy alto, pero dependerá del volumen, de la competencia en tu país y de tu nicho.

- **Escalabilidad:** Si logras posicionarte en Google, los rankings suelen ser bastante estables.

- **Inversión inicial:** Baja, se basa sobre todo en tu tiempo. Comprar dominio y paquete para crear a la tienda online para empezar a vender.

- **Competencia:** Si tienes un nicho específico, sabes apuntar a los productos de moda y le inviertes algo a la publicidad te puede ir muy bien a pesar de la competencia.

- **Riesgo:** Que tu tienda caiga en mala reputación, ya que al final el fabricante o mayorista hace todo el trabajo, de recepción de pedido, producto optimo, manipulación y envíos. Y a menudo hay problemas de tiempos y calidad de entrega, incluidas devoluciones.

- **De negocio Tradicional a Virtual:** Tendrás tu tienda online con todos los productos ya puestos por terceros, y de forma muy similar al modelo de negocio mencionado anteriormente evitarás stocks, inventarios y mucho más.

- **Caso de Éxito:** <u>BigBuy</u> es uno de los principales marketplace B2B de Europa, que opera en el sector del regalo original y bajo el modelo dropshipping. La compañía comercializa productos de cocina gourmet, electrónica y pequeños electrodomésticos, hogar y limpieza, perfumes y cosmética, salud y belleza, fitness y deportes y productos de outlet.

4. VENDE CURSOS EN PLATAFORMAS

Crea tu curso online, súbelo en un marketplace y vende de forma pasiva. Esta es la idea.

Te centras en tus competencias y contenidos de valor y dejas el marketing en mano de expertos de la venta digital.

<u>**Valoración global de este modelo de ingresos pasivos**</u>

- **Tipo de negocios online:** Negocio que mezcla lo económico con contribuir a la educación.

- **Habilidades tecnológicas:** Tendrás que ser capaz de enseñar una temática y producir vídeos de una calidad aceptable para que se consuman de forma correcta por los alumnos de estas plataformas.

- **Producción de contenidos:** El esfuerzo se centra en la producción de la versión digital de tu training.

- **Ingresos habituales:** en general entre unos 100€/mes y 1.000€/mes, salvo si dispones de un curso sin competencia o recién actualizado, antes que lo hagan los demás trainings. La realidad es que tus ingresos dependen de las acciones de venta que serás capaz de plantear tú. Si no formas parte del Top 3 de tu categoría, no tendrás ninguna visibilidad en el marketplace. Así que, sin una audiencia previa o una lista de correo segmentada, no venderás mucho..

- **Escalabilidad:** Si tu curso es popular y dispones de buenas reviews, puede que tus ingresos escalen. Pero sinceramente copian mucho los contenidos, entonces… cantidad o calidad.

- **Inversión inicial:** Baja, sobre todo en tiempo. Crear un curso online nunca es una formalidad. Cuenta con 2 a 3 meses de producción para hacerlo bien. Puede también que necesites invertir en una cámara, micro y set de luces, para mejorar la calidad de tus vídeos.

- **Competencia:** si la oferta digital en el sector editorial se ha disparado en los últimos años, en temas de cursos online, la mayoría de la oferta está aún por construir.

- **Riesgo:** los alumnos no son tuyos, sino del marketplace. Operas en el terreno de un tercero. Udemy saca cupones de descuento del 90% y no podrás decir nada, te guste o no. Domestika hace lo mismo con sus ofertas "bundles". Hotmart, es una de las más recomendadas en este momento por las comisiones bajas y auge de ventas.

He aquí 4 opciones para hacerte profesores de estos Market places online: Udemy, Tutellus, Hotmart y Domestika. Puedes usarlas para comenzar, como un gran aliado de soporte, pero al final lo mejor es tener más control sobre tus productos y tu posicionamiento, así como rentabilidad.

. **De negocio Tradicional a Virtual:** Cuantos profesores y profesionales de muchos sectores montan clases y dan sus conocimientos, pero sus salarios o precio/hora es mínimo? Prácticamente todos, por eso puedes vender tus conocimientos de forma más masiva a través de cualquiera de las plataformas mencionadas.

. **Caso de éxito:** Jesús López y Laura Marsella, fundadores de Yoteformo, una academia online para aprender japonés de la que ya viven. Con Jesús y Laura hablamos de cómo decidieron montar Yo te

<u>formo</u>, del porqué de su dominio, de sus inicios como profesores dando clases presenciales, y de cómo decidieron hacer la transición al mundo online y de la especialización que eligieron, ofreciendo clases únicamente de japonés.

Vemos también la importancia de generar contenido de calidad el plan de acción de marketing de contenidos dentro de la estrategia del inbound marketing, cómo reinvirtieron sis ingresos en nuevo equipo, qué es lo que más les cuesta, su modelo de negocio, incluso los planes de futuro.

Como podréis comprobar, un testimonio más de lo factible que es montar un negocio lean startup con pocos recursos, y todo bootstraping.

5. VENDE TUS CREACIONES DIGITALES EN MARKETPLACES

Es un modelo de negocio muy parecido al anterior, al final lo que venden es tu conocimiento y saber hacer de alguna u otra forma:

- Diseñadores
- Fotógrafos
- Video/Audio graphers

- Programadores (WordPress temas o plugins, Shopify, Etc.)

- Músicos

- Animadores 3D

La idea es de crear productos digitales sencillos y vender licencias de uso baratas en unos marketplaces online que tienen potenciales compradores.

<u>Valoración global de este modelo de ingresos pasivos</u>

- **Tipo de negocios online:** Gana dinero creando algo propio para ponerlo a disposición de otros profesionales que aún no lo saben crear y los necesitan, lo cual cada día está más en auge.

- **Habilidades tecnológicas:** Media según el producto, es importante tener una buena visión de Marketing para estar al día en tendencias y ver que se vende realmente.

- **Producción de contenidos:** odo el esfuerzo se hace en crear nuevos productos digitales y dar soporte.

- **Ingresos habituales:** en general entre unos 100€/mes y 1.000€/mes, salvo si dispones de un producto digital TOP. Las comisiones que consigues para cada venta de tus productos van del 30 al 70%. Pero el ticket medio, es a menudo, por debajo de 10 euros.

- **Escalabilidad:** Por producción, cuantos más productos digitales tienes, en categorías distintas, mejor.

- **Inversión inicial:** necesitarás el hardware y el software necesario para poder realizar tus creaciones digitales. Básicamente tu tiempo.

- **Competencia:** algunas categorías son muy concurridas sobre todo la fotografía, hoy día la creación de contenidos para redes, webs, publicidad etc está en auge y seguirá creciendo.

- **Riesgo:** estás en mano de tu marketplace. Es un riesgo, pero ellos te necesitan también para vender.

Algunas opciones para empezar como productor digital: Para vender plugins o temas para WordPress, Themeforest es la referencia. O TemplateMonster. Si lo tuyo es la fotografía, tira de Shutterstock o Fotolia. Si eres músico, inténtalo en AudioJungle o Artlist. Si lo tuyo es el desarrollo de Apps, intenta en iTunes o Google Play. En ambos marketplaces podrás vender vídeo y música también. Para todo lo demás, Envato es tu mejor opción.

De negocio Tradicional a Virtual: En este caso vamos a poner varios ejemplos, desde el fotógrafo que no cobra nada porque lo hace por hobbie, y está perdiendo el dinero porque puede vender esas fotos a través de las plataformas, hasta el instructor de baile o de fitness que no puede escalar el negocio porque se limita a cobrar su hora de enseñanza, ¿por qué no grabarla y venderla en distintos canales?

. **Caso de Éxito:** El caso de Carles; entre otras cosas, **me dedico a vender fotografías online.** La fotografía es mi pasión y hace más de 6 años decidí ganar dinero de ello. Lo hago a través de la venta en agencias de microstock, donde en la actualidad tengo más de 30.000 imágenes expuestas y **a lo largo de este tiempo he vendido miles de licencias fotográficas por todo el mundo.** El dinero que gano con la venta de mis fotos me sirve para tener el equipo fotográfico que quiero, viajar bastante y tener un mejor nivel de vida.

6.GANA DINERO CON TU CANAL DE YOUTUBE

La idea es de <u>crear un canal de YouTube</u> y conseguir una audiencia segmentada interesada por tus contenidos.

Los canales que mejor funcionan de cara a la monetización son:

- Tecnología
- Reseñas de productos
- Tutoriales

Hay muchos casos de éxito que alguna vez todos hemos escuchado hablar, también puedes hacer videos de Música o documentales sobre algún tema en concreto, si no quieres salir en cámara.

<u>Valoración global de este modelo de ingresos pasivos</u>

- **Tipo de negocios online:** Gana dinero sin limitarte en un producto en concreto si no en un nicho que pueda crear comunidad.

- Habilidades tecnológicas: necesitas un smartphone y un ordenador. Lo recomendable es al menos subir 1 vídeo por semana.

- **Ingresos habituales:** Cada día piden más horas de visualización y más suscriptores, eso es cierto, pero no necesitas millones de seguidores para cobrar por publicidad, tanto como influencer por patrocinios para otras empresas, como publicidad youtube y como no, la afiliación. ¿Pero cuantos suscriptores necesitas? Depende del nicho, va de 0,1€ a 1€ cada 1.000 visualizaciones de un vídeo. Si tienes 10.000 suscriptores y consigues 10.000 visualizaciones a la semana, entre producción de vídeos nuevos y optimización SEO de los vídeos existentes, podrías ganar a 0,5€ las 1.000 visualizaciones, la tremenda cifra de 20 €/mes. Al final todo depende de las horas, el arte, el nicho y el contenido, si subes 2 a 3 videos por semana, eres constante y sabes optimizar cada recurso, podrás tener un excelente ingreso pasivo.

- **Escalabilidad:** si como tantos youtubers, vendes servicios para empresas o trainings para tus seguidores, puedes ganarte mucho dinero con un canal de YouTube. Hablamos de 6 a 7 cifras anuales.
- **Inversión inicial:** muchas horas para cultivar el talento y las competencias que te van a

permitir aportar valor para tus seguidores. A parte de esto, consumes sobre todo tu tiempo, produciendo vídeos frescos cada semana.

- **Competencia:** hay espacio en YouTube, pero algunos nichos empiezan a estar muy concurridos.

- **Riesgo:** apuestas por YouTube. Puedes mitigar el riesgo teniendo tu propio blog. Es inteligente crear tu lista de correo. Demasiados youtubers no lo tienen claro aún. El riesgo es bajo, al menos de basar tu monetización en los servicios de Google. Si cambian los términos de retribución, no podrás hacer nada.

. **De negocio Tradicional a Virtual**: En este caso podríamos hablar de tantos negocios… desde los cantantes de música, donde venden casi todo a través de estas plataformas, hasta los cocineros que verdaderamente tienen clientes a través de sus suscriptores y visitas de youtube, moda, maquillaje…. Cualquier negocio es escalable a esta plataforma.

. **Caso de Éxito:** Canal de youtube <u>El cocinero fiel</u>. Llegando casi a los 100.000 suscriptores, Txaber Allué Martí apuesta por recetas fáciles de preparar, a buen precio y no muy complejas. Ha sido uno de los pioneros en España como youtuber de cocina.

7. MONETIZA UNA AUDIENCIA EN INSTAGRAM

Instagram cada día más en auge, superando a Facebook día a día, es un complemento perfecto tanto para negocios como complemente de canal de youtube.

Puedes compartir contenidos (Stories) y fotos y así crecer rápido una audiencia de seguidores enganchados con tus publicaciones. Algo que también funciona de maravilla es crear sorteos ya seas tú mismo desde la página o pagando a otros instagramers que ya tienen un gran público y así conseguir seguidores.

Te dejo a continuación las principales plataformas que ponen en contacto marcas interesadas en hacer acciones e instagramers en busca de monetización:

1. SocialPubli
2. PubliSuites
3. Coobis
4. Influenz

Valoración global de este modelo de ingresos pasivos

- **Tipo de negocios online:** Un propósito de ventas, así como de creación de comunidad.

- **Habilidades tecnológicas:** Básicas, un smartphone con una buena cámara de fotos y tiempo para publicar.

- **Producción de contenidos:** Publicaciones diarias. Es el precio para crecer tu audiencia en Instagram.

- **Ingresos habituales:** unos 10€/mes como soporte para fotos patrocinadas. Unos 100-300€ para una acción con una marca, dependiendo de tus seguidores y la calidad de tu engagemen. Pero si asocias tu canal Instagram a la venta de los productos de tu e-commerce (mejor aún si fabricas tus propios productos) y/o para vender formación, consultoría o coaching, los ingresos escalan rápido a 5 cifras mes.

- **Escalabilidad:** toda la que quieras. Puedes trabajar con la publicidad en Instagram para acelerar tu crecimiento. La combinación de un canal de YouTube con una audiencia en Instagram suele ser clave en los casos de éxito más destacados.

- **Inversión inicial:** nada de dinero. Y todo el tiempo que necesites para tener una historia bonita que contar, todos los días del año, ayudando a los demás con tus experiencias personales compartidas en Instagram.

- **Competencia:** no todos los públicos objetivos están en Instagram. Pero en general, si vendes a consumidores, deberías encontrar una audiencia afín a tu temática. Belleza, Nutrición y fitness están ya bastante trabajados.

- **Riesgo:** una vez más, el riesgo es de operar en una red ajena. Si no te olvidas de hacer crecer tu lista de correo desde Instagram – y funciona –, todo debería ir bien.

- **De negocio Tradicional a Virtual:** Cualquier negocio o arte que tengas puedes llevarlo a explotar y crear una comunidad en Instagram, desde hacer artesanías hasta las historias de ser mamá y consejos para las futuras mamás.

- **Caso de Éxito:** En esta ocasión no mencionaré ningún caso en particular, ya que conozco de primera mano muchos negocios que han multiplicado por 10 las ventas de sus comercios físicos a través de esta web, solamente alimentando la red con fotos de sus productos y haciendo unos cuantos sorteos.

9. VENDE COACHING/ACOMPAÑAMIENTOS GRUPALES EN UN BLOG

Para que esto sea escalable debes organizar muy bien tu servicio y tu tiempo. Para que sea escalable, debes pensar en digital, mentorías grupales y subscripciones por un precio módico mensual donde el cliente sienta el acompañamiento, aunque también puedes ofrecer un servicio personalizado de forma puntual.

Valoración global de este modelo de ingresos pasivos

- **Tipo de negocios online:** Es un servicio de formación.
- **Habilidades tecnológicas:** tendrás que ser un gran técnico en lo tuyo, capaz de generar resultados para tus clientes, pero puedes operar tu negocio online sin necesidad de ser un experto en marketing digital.

- **Producción de contenidos:** tanto redes sociales, como tu web ayudan a posicionarte en el mercado. No se trata de producir mucho, se trata de aportar mucho valor.

- **Ingresos habituales:** muy rentable. Si vendes a precios Premium (a 4 o 5 cifras el ticket) y montas grupos (5 a 10 personas) para entregar el servicio, los ingresos se disparan rápido. Pero también puedes hacerlo a un precio módico y tener mayor número de participantes. En ambos casos, grandes ingresos.

- **Escalabilidad:** Para poder ser escalable realmente, debes hacer el formato grupal. He visto mentores que tienen grupos de más de 1000 subscriptores, y se los organizan muy bien así como otros que tienen pocos pero el precio del ticket es bastante alto. En ambos casos es muy escalable. Otra forma de hacerlo es creando un programa de certificación, y permitiendo a certificados captar sus propios clientes allí dónde viven.

- **Inversión inicial:** vas a tener que <u>crear una web o blog de marca personal potente</u> y <u>encontrar un dominio memorable</u>. Y luego dedicarle mucho tiempo. Al final se trata de la venta de un servicio. Creas una página de venta y puedes salir a buscar tus primeros coaches o mentores.

- **Competencia:** estos servicios son relativamente nuevos en general. Y si operas en grupal, apenas deberías toparte con competidores.

- **Riesgo:** ninguno en particular. De hecho, es uno de los mejores modelos de negocio digital.

- **De negocio Tradicional a Virtual:** El caso de José lorenzo, que será nuestro caso de éxito a ver, que pasó de dar unas sesiones presenciales de coaching y no ganar casi nada, porque al final todos los clientes presenciales, no son escalables a realizar clases grupales y conseguir un gran éxito en su negocio.

- **Caso de Éxito:** El caso de José Lorenzo, tenía un trabajo que no le llenaba y ganaba lo justo para pagar sus cuentas, empezó a estudiar coaching y a especializarse en el tema, comenzó cobrando 40 euros/hora Coaching presencial y teniendo clientes esporádicos, hasta que pudo dedicarse de lleno, hacer coaching grupal online y ha conseguido su libertad financiera generando unos 5000 euros/mes.

CONCLUSIÓN

Con este último modelo cerramos los ingresos digitales más prácticos y reales que se encuentran en el mercado, solamente enfócate en uno y comienza, finalmente es tiempo y disciplina, crear contenidos, tener un arte o un sabe hacer y llegar a un nicho de mercado. Programa tu mente para trabajar como millonario, realiza tus rutinas con un propósito o meta que pienses que de verdad puedes alcanzar, maximiza tus recursos y reduce tus gastos para poder invertir en lo que te va a dar calidad de vida y alcanzar ser rico. Todos los métodos que hemos desarrollado, están comprobados por un gran sector que ya disfruta hace muchos años de una gran libertad financiera.